www.herder.de
 – Gedruckt in Belgium
Umschlaggestaltung: H. Bausch unter Verwendung
einer Illustration von V. Pavoni
Satz und Layout: Reprographia MEDIENHAUS-LAHR
Druck und Einband: Proost, Turnhout

ISBN 3-451-28182-1

Bevor du einschläfst

Gebete, Gedichte, Geschichten zur guten Nacht

von Max Bolliger
mit Bildern von Verena Pavoni

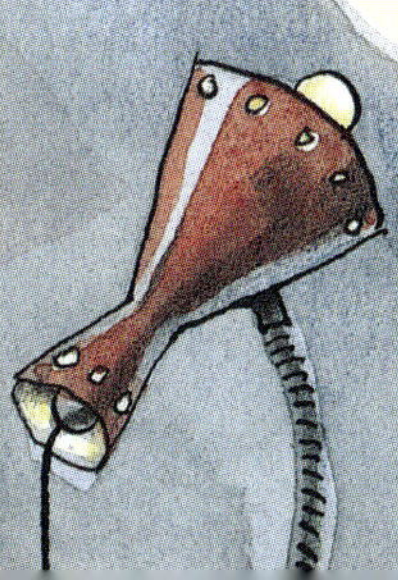

HERDER
FREIBURG · BASEL · WIEN

Ein neugieriger Stern

Ein neugieriger Stern,
der kleinste von allen,
ließ sich auf die Erde fallen.
Er sagte,
dass er vom Himmel sei,
trotzdem liefen die Menschen
an ihm vorbei.
Da wollte er heim
und wusste nicht wie,
so hilflos war er noch nie.

Aber Gott ist gut,
auch den kleinsten Stern
hat er gern.
Er sprach:
Fallen kann er allein,
zum Tragen müssen es Engel sein.
Er schickte sie schnell,
sie holten ihn
und steckten den kleinen Stern
wieder hin.

Wenn du schläfst,
rasselt die Kuh mit der Kette,
zwei Hasen hüpfen um die Wette,
Hahn und Henne schlafen auf der Stange,
der Bauer liegt auf seiner linken Wange.
Der Fuchs kommt aus dem Bau,
vom Himmel fällt der Tau,
und die Eule auf dem Baum
wünscht dir einen süßen Traum.

Weißt du warum?

Weißt du, warum es regnet und schneit?
Weißt du, warum es Krieg gibt und Streit?
Weißt du, warum wir lachen und weinen?
Weißt du, warum die Sterne so winzig scheinen?
Weißt du, warum es warm wird und kalt?
Weißt du, warum wir jung sind und alt?
Weißt du, warum einer Geschichten schreibt?
Weißt du, warum Gott unsichtbar bleibt?

Worüber wir staunen

Dass die Welt hinter den Bergen
nicht zu Ende ist,
dass, was dir im Spiegel begegnet,
du selbst bist.
Dass die Erde rund ist und sich dreht,
und dass der Mond,
auch wenn es regnet, am Himmel steht.
Dass die Sonne, die jetzt bei uns sinkt,
andern Kindern Guten Morgen winkt.

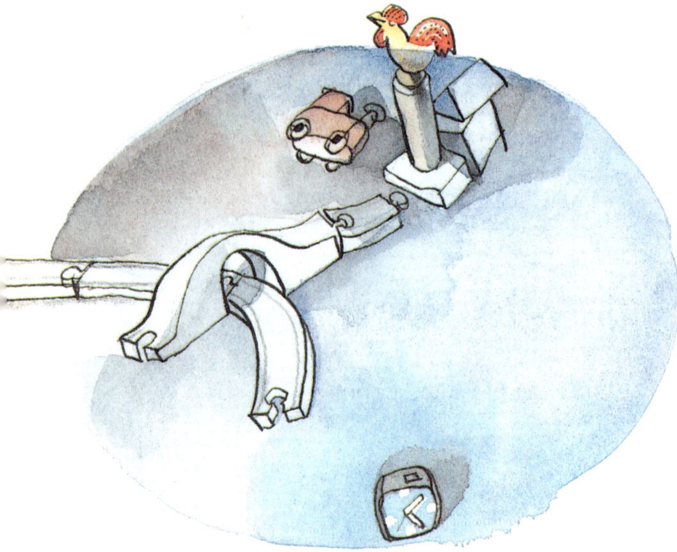

Wenn du schläfst,
setzt sich ein Stern
auf den Kirchturm von Bern.
Er küsst den rostigen Wetterhahn.
„Aber fang jetzt nicht zu knarren an,
sonst weckst du mir" - so lacht der Stern -
„alle braven Kinder von Bern."

Vor dem Einschlafen

Auf der Decke
das Buch mit Geschichten,
der Pingu neben dem Kissen,
der Tiger zu Füßen,
Schokolade als Riegel
und vor dem Spiegel
Harry Potters Zauberhut.
Auch mein Bär im Arm
gibt mir warm,
als ob er ein Ofen
mitten im Winter wär.

Was mir noch fehlt?

Mit Vater und Mutter
das Gutenachtgebet.

Der kleine Stern

Es war einmal ein kleiner Stern. Er wohnte an der Milchstraße. An der Milchstraße wohnten auch andere Sterne. Aber sie waren gross und kümmerten sich nicht um ihn.
Ich bin zu klein, dachte er. Sie brauchen mich nicht.
Traurig schaute der kleine Stern auf die Erde hinunter. Dort standen die Sterne dicht zusammen und waren genau so winzig wie er.
„Sie haben es gut", sagte er und ließ sich eines Nachts auf die Erde fallen. Er landete auf einer Bergspitze. Dann kugelte er den Abhang hinunter. Auf einer Wiese in der Nähe einer Stadt blieb er liegen.
Doch wo waren nun die vielen winzigen Sterne, die er aus der Ferne gesehen hatte?
Sie waren ebenso groß wie seine Kameraden am Himmel. Und es waren gar keine Sterne.

Es waren
Straßenlampen.
Der kleine Stern schaute zum
Himmel hinauf. Da entdeckte er die
Milchstraße.
Er staunte.
Dort standen die Sterne dicht zusammen
und waren genauso winzig wie er.

Hatte er den langen Weg umsonst gemacht?

Der kleine Stern fand
sich nicht mehr zurecht und fing an zu weinen.
Da ging die Sonne auf. Sie sah den kleinen Stern auf der Wiese liegen.
„Warum weinst du?", fragte sie.
„Was klein ist, ist groß, und was groß ist, ist klein, und ich weiß nicht warum", antwortete er.
„Das ist ein Rätsel", lachte die Sonne. „Ich will dir helfen, es zu lösen."
Die Sonne nahm den kleinen Stern mit auf die Reise.

Am Morgen zeigte sie ihm die Dinge aus der Nähe:
eine Blume, einen Baum, ein Tier.

Am Mittag zeigte sie ihm die Dinge aus der Ferne:
die Blumen, die Bäume, die Tiere.

Am Abend aber, als die Sonne untergehen wollte,
ließ sie den kleinen Stern auf ihrem letzten
Strahl an seinen alten Platz zurückklettern.
Weit unter ihm lag die Erde.
Der kleine Stern wusste nun für immer,
warum kleine Dinge groß und große Dinge klein sind.
Er hatte sie aus der Nähe betrachtet und aus der Ferne gesehen.
Der kleine Stern strahlte.
Er hatte das Rätsel gelöst und die Reise nicht umsonst gemacht.

Was du teilen kannst

Wenn du klein bist,
den Apfel und das Brot.
Wenn du größer bist,
die Freude und die Not.

Dich selber?
Dich selber nie.
Aber die Liebe,
von der du lebst.
Weißt du wie?

Auch eine Nacht-Geschichte

Thomas sieht die Sonne nicht. Er spürt sie.
Thomas sieht den Baum nicht. Er berührt ihn.
Thomas sieht die Blume nicht. Er riecht sie.
Thomas sieht die Flöte nicht. Er spielt sie.

Thomas kann sich die Sonne, den Baum, die Blume
und die Flöte gut vorstellen.

Thomas ist manchmal traurig,
manchmal glücklich. Thomas weint und lacht.

Thomas hört gern Radio.
Fernsehen interessiert ihn nicht.
Er hört gerne Musik und Geschichten.
Thomas lebt mit anderen Kindern in einem Heim.
Dort geht er auch zur Schule.
Er lernt lesen, aber nicht mit den Augen, sondern mit den Fingern.

Weißt du warum?
Thomas ist blind.

Wenn du schläfst,
tanzen die Mäuschen
aus ihren Häuschen.
Sie sind froh
und freuen sich so,
dass du in deinem Bette liegst
und sie nicht siehst.

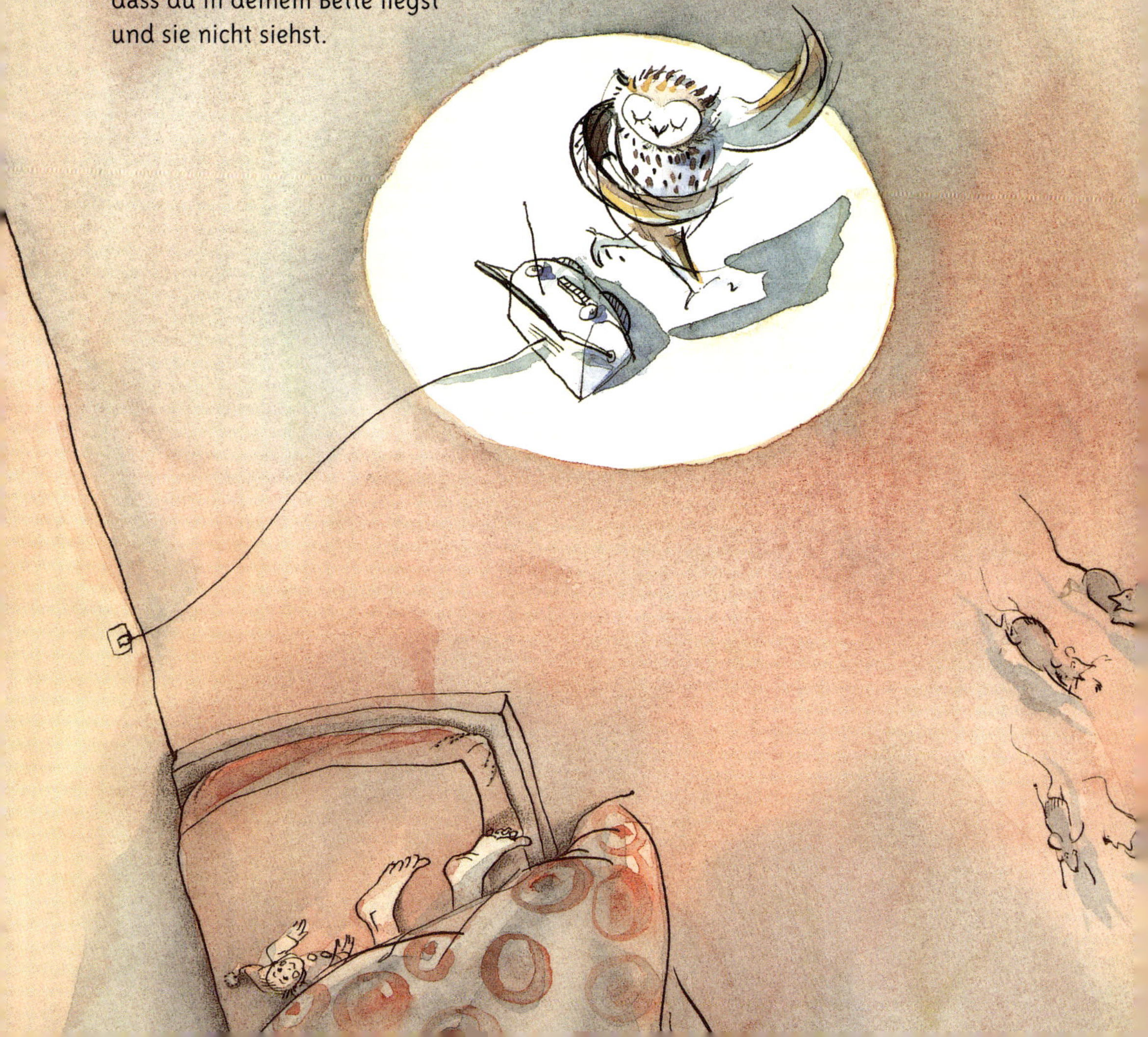

Uhu, das Eulenkind

Uhu sieht aus wie andere Eulenkinder auch, aber er ist nicht wie die andern. Wenn Vater und Mutter am Abend aufwachen, schläft Uhu ein. Und wenn Vater und Mutter Eule am Morgen einschlafen, wacht Uhu auf.

Alles Zureden hilft nichts. Uhu will nicht schlafen, wenn die andern Eulen schlafen. Und er will nicht wach sein, wenn die andern Eulen wach sind.

„Schlaf gut!", sagen Vater und Mutter Eule, wenn sie aufwachen.

„Mach kein Dummheiten", sagen Vater und Mutter Eule bevor sie einschlafen.

Mit der Zeit wird es Uhu langweilig, neben Vater und Mutter Eule zu sitzen, die den Tag verschlafen.

Vielleicht finde ich jemanden, der mit mir spielt, denkt Uhu und fliegt davon.

Nach einer Weile trifft er eine kleine Katze.

„Willst du mit mir spielen?", fragt Uhu.

Die Katze aber erschrickt, macht einen Satz und springt ins nächste Gebüsch.

Uhu fliegt weiter. Nach einer Weile trifft er ein kleines Eichhörnchen.

„Willst du mit mir spielen?", fragt Uhu.

Das Eichhörnchen aber erschrickt, macht einen Satz und klettert auf den nächsten Baum.

Uhu fliegt weiter. Nach einer Weile trifft er einen kleinen Hasen.

„Willst du mit mir spielen?", fragt Uhu.

Der Hase aber erschrickt, macht einen Satz und hüpft ins nächste Rübenfeld.

Niemand will mit mir spielen, denkt Uhu und fliegt weiter.

Nach einer Weile kommt er zu einem Weiher. Er setzt sich auf einen Ast und schaut ins Wasser. Im Wasser sitzt ein Eulenkind.
„Willst du mit mir spielen?", fragt Uhu.
Das Eulenkind im Wasser aber bleibt stumm. Was Uhu auch tut, das Eulenkind im Wasser macht ihm alles nach, schlägt mit den Flügeln, zwinkert mit den Augen und nickt mit dem Kopf.
„Du bist mir zu langweilig", sagt Uhu und fliegt weiter.
Unterdessen ist die Sonne untergegangen. Im Wald ist es dunkel geworden. In den Bäumen raschelt der Wind. Hinter den Büschen kauern Gespenster. Uhu hat sich verirrt. Er hat Angst.
„Willst du mit mir spielen?", fragt plötzlich eine Stimme. Es ist ein Eulenkind, das eben aufgewacht ist.
„Ich habe mich verirrt", sagt Uhu.
„Wo wohnst du?", fragt das Eulenkind.
„Am Waldrand, hinter der dicken Eiche", antwortet Uhu.
„Komm, ich begleite dich", sagt das Eulenkind. Auf dem Weg zeigt es Uhu den Mond und die Sterne. Sie begegnen dem Fuchs und dem Marder. Die Gespenster hinter den Büschen sind nichts als grosse Schatten.
Auf einmal hören sie in der Ferne einen Ruf: „Uhuuu! Uhuuuu!"
Es sind Vater und Mutter Eule.
„Uhuuu! Uhuuuu!", antworten die beiden Eulenkinder.
Vater und Mutter Eule nehmen Uhu in die Mitte. Im Osten geht die Sonne auf.
„ Auf Wiedersehn!", sagt das Eulenkind. „Ich geh Schlafen."
„Ich auch", sagt Uhu. „Auf Wiedersehen!"
Er ist müde. Bald fallen ihm die Augen zu.
„Schlaf gut!", wünschen Vater und Mutter Eule.
Und Uhu ist glücklich wie noch nie.

Lieber Gott

Lieber Gott, du bist da,
unsichtbar nah,
du bist überall,
im Lied der Nachtigall,
im Zirpen der Grille
und in der Stille.

Und wenn ich es wage
und dich frage,
warum es Not gibt und Streit,
Krieg und Ungerechtigkeit,
liegt die Antwort in mir,
dafür danke ich DIR.

Was mir Angst macht

Wenn es auf dem Boden knistert und knarrt,
wenn etwas leise hinter der Holzbeige schnarrt,
wenn der Himmel schwarz und dunkel ist,
wenn es donnert und blitzt,
wenn ein Stier mir entgegenrennt,
wenn es hagelt und brennt,
wenn der Sturm an den Läden rüttelt
und die Kronen der Bäume schüttelt.
Wenn ich durch einen Wald spaziere
und plötzlich die Richtung verliere,
wenn hinter den Büschen Gespenster lauern
und hinter Steinen Gestalten kauern,
wenn sich Riesen im Traum verstecken
und mich mitten in der Nacht wecken,
wenn mich die Mutter in den Keller schickt
und vor mir ein Mäuslein erschrickt.

Ein Drache in der Nacht

Sina steht in einer Höhle. Es ist dunkel. Sie möchte hinaus.
In der Ferne sieht sie ein Licht. Sie geht darauf zu. Plötzlich
hört sie ein Schnauben. Ein Drache verfolgt sie.
Er rollt seine Augen, zeigt seine riesigen Zähne und
speit Feuer aus seinem Rachen.
Er kommt näher und näher. Sina will fliehen.
Doch sie kann sich nicht mehr bewegen. Ihre Füsse sind am
Boden festgenagelt. Der Drache will sie verschlingen.
Sina schreit auf.
Und dann erwacht sie in den Armen des Vaters.
„Das war nur ein böser Traum", tröstet er Sina. „Wir lassen die
Tür offen und zünden im Flur die kleine Lampe an."

Was mir die Angst nimmt

Vater und Mutter und vertraute Gesichter,
im Dorf und in der Stadt die Lichter.
Die Sonne, die mich am Morgen weckt,
das Kätzchen, das sich in meinem Arm versteckt.
Im Bett Teddybären und Puppen,
Sterne, die durchs Fenster gucken.
Bruder, Schwester, Neffen und Nichten,
in der Schule die schönen Geschichten.
Alles, was jeden Tag mit mir lebt
und am Abend das Gutenachtgebet.

Wenn du schläfst

Wenn du schläfst,
zupft dich einer am Ohr
und brummt dir was vor,
er stupft dich am Bauch
und kitzelt dich auch.
Er lacht -
und wenn du erwachst,
schaut er dich an,
als ob gar nichts wär -
dein alter brauner Bär.

Fürchte dich nicht

Fürchte dich nicht.
Räuber und Diebe
sind arme Gesellen,
und wenn einer kommt
und dich weckt
oder sich im Schrank versteckt,
erschrecke nicht.
Mach kein Licht,
schenke ihm deinen Bär,
und sag, dass es der seine wär.
Dann geht er fort –
dein Bär gibt ihm warm,
und er ist weniger arm.

Schutzengel mein

„Schutzengel mein, der du mich begleitest,
alle meine Schritte leitest. Ich danke dir. Amen."

„Amen", sagt auch die Mutter. „Und nun schlaf gut."
Plötzlich richtet sich David nochmals auf.
„Es gibt gar keine Engel", sagt er.
„Warum?", fragt die Mutter und setzt sich wieder.
„Weil noch nie jemand einen Engel gesehen hat."
„Wer behauptet das?"
„Frank — und der braucht auch nicht zu beten."
„Das stimmt, sehen kannst du die Engel nicht, aber spüren."
„Das bilden sich die Leute nur ein", sagt Franks Vater, „und der ist sogar ein Doktor."
„Ich bin nicht seiner Meinung", sagt die Mutter. „Ich glaube, dass du heute einen Schutzengel neben dir hattest."
„Wieso?"
„Du bist über die Straße gerannt, ohne auf den Verkehr zu achten."
David errötet.
„Eine Nachbarin hat dich beobachtet."
Es stimmt, er wäre beinahe angefahren worden. Der Autofahrer hat ihm mit der Hand gedroht und wütend gehupt.
Von den andern Dingen haben die Eltern zum Glück keine Ahnung.
David hat sich heute auf den dürren Ast eines Kirschbaums gesetzt. Er hat seinen Ball unter Lebensgefahr aus dem Weiher gefischt.

Er ist mit seinem Fahrrad gestürzt, als er seinen Kameraden vormachen wollte, wie gut er freihändig fahren kann. Und nun liegt er wohlbehütet und heil in seinem Bett. Nur eine Schramme am Knie erinnert ihn noch an seine Abenteuer.
David kuschelt sich in seine Decke ein und nimmt sich vor, morgen nochmal mit seinem Freund Frank über Engel zu reden.

Wenn du schläfst,
werden die Igel wach,
die Katze steigt aufs Dach,
eine Fledermaus
fliegt in die Nacht hinaus.
Irgendwo knarrt eine Stiege,
vor dem Fenster spielt der Wind,
und behütet in der Wiege
liegt ein kleines Kind.

Im Zauberwald

Wenn du schläfst,
wachsen dir Flügel.
Aber wenn du
durch den Zauberwald fliegst
und einen Drachen siehst,
fürchte dich nicht.
Neben dem Drachen
im Schnee
wohnt eine Fee
und wacht über den Baum
mit den goldenen Nüssen.
Und von diesen Nüssen
wird sie dir
eine schenken müssen.

Die Prinzessin und der Zeisig

Auf einem Baum vor dem Fenster einer Prinzessin wohnten ein Zeisig und eine Nachtigall.
Wenn es dunkel wurde und der Mond am Himmel erschien, begann einer der beiden Vögel zu singen.
Welcher von den beiden Vögel mag es sein, dachte die Prinzessin. Ich möchte ihn haben.
Am folgenden Morgen erzählte sie ihrem Vater von den beiden Vögeln und bat ihn, ihr den Sänger zu schenken.
„Gern", sagte der König, „aber du musst selber herausfinden, welcher der richtige ist."
Ein Vogelfänger wurde beauftragt, die beiden Vögel zu fangen und ins Schloss zu bringen.
Die Prinzessin wunderte sich.
Der eine war hübsch, mit einer roten Stirn, gelbgrünen Flügeln und einer rosafarbenen Brust. Der andere aber war grau und unscheinbar.
„Überlege gut, denn du darfst nur einmal wählen", sprach der König.
Die Prinzessin brauchte sich nicht lange zu besinnen. Sie zeigte auf den Zeisig.
„Nimm ihn", sagte der König und schenkte der Nachtigall die Freiheit wieder.
Als der Mond aufging, wartete die Prinzessin ungeduldig auf das wunderbare Lied. Doch sie wartete vergeblich. Die Nachtigall war weit davongeflogen.
Der Zeisig aber blieb stumm. Er hatte nicht mehr zu bieten als sein buntes Federkleid.

Die Nachtigall

In einem tiefen Wald wohnte eine Nachtigall. Jeden Abend, wenn die Dämmerung hereinbrach und der Mond am Himmel stand, begann sie wunderbar zu singen. Doch da war niemand, der ihr zuhörte. Die anderen Tiere hatten mit sich selbst zu tun, und noch nie hatte sich ein Mensch in ihre Nähe verirrt.
Eines Abends kam eine Eule vorbei.
„Du singst schöner als die andern Vögel", sagte sie, „aber was hast du denn davon, wenn dir niemand zuhört und dich bewundert?"
„Wer soll mich denn bewundern?", fragte die Nachtigall erstaunt. Und ohne eine Antwort abzuwarten, sang sie voller Inbrunst weiter.
Die Eule ist ein kluger und weiser Vogel.
Sie flog davon und wusste, dass die Nachtigall sich selbst zur Freude sang. Ihre Kunst war ein Geschenk des Schöpfers und brauchte keinen Lohn.

Ein neuer Tag

Werde ich tanzen und springen?
Werde ich weinen oder singen?
Wer wartet auf mich vor dem Haus,
Eva, Inge, Max oder Klaus?
Werde ich mit ihnen lachen
und den Handstand machen?

Werde ich mit Jockel streiten?
Lässt er mich auf seinem Pony reiten?
Werde ich über Aufgaben stöhnen
oder mich mit meinem Lehrer versöhnen?
Werde ich mutig sein und wagen,
zu Dingen, die nicht gut sind, nein zu sagen?